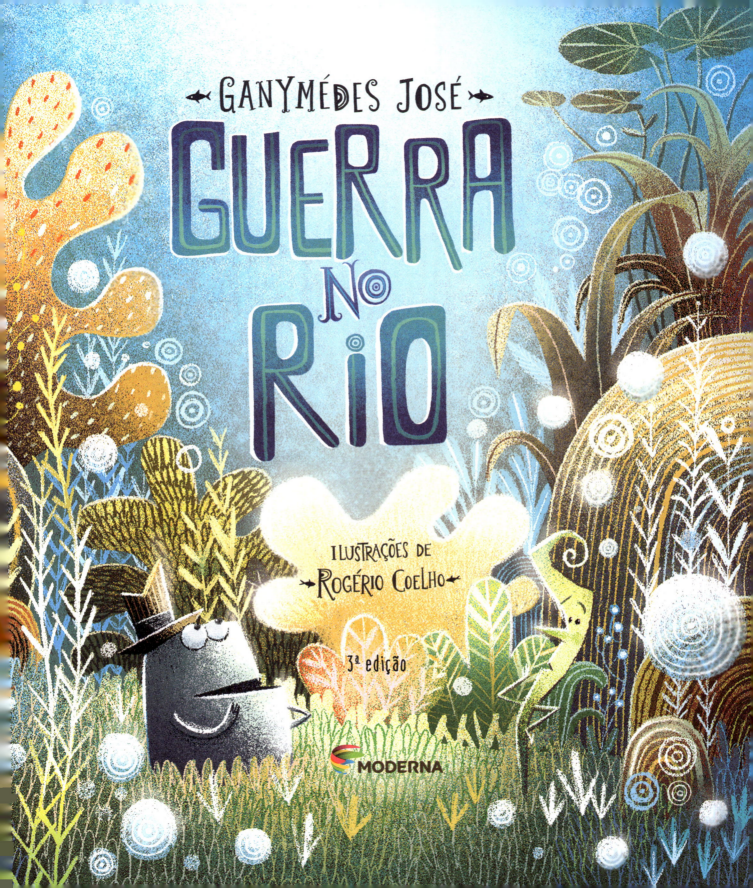

© GANYMÉDES JOSÉ, 2017

1ª edição 1983
2ª edição 2002

COORDENAÇÃO EDITORIAL Maristela Petrili de Almeida Leite
EDIÇÃO DE TEXTO Marília Mendes
COORDENAÇÃO DE EDIÇÃO DE ARTE Camila Fiorenza
DIAGRAMAÇÃO Cristina Uetake
ILUSTRAÇÕES DE CAPA E MIOLO Rogério Coelho
COORDENAÇÃO DE REVISÃO Elaine Cristina del Nero
REVISÃO Andrea Ortiz
COORDENAÇÃO DE *BUREAU* Rubens M. Rodrigues
PRÉ-IMPRESSÃO Alexandre Petreca
COORDENAÇÃO DE PRODUÇÃO INDUSTRIAL Wendell Jim C. Monteiro
IMPRESSÃO E ACABAMENTO A.S. Pereira Gráfica e Editora EIRELI
LOTE 788224 - Código: 12106096

Dados Internacionais de Catalogação na Publicação (CIP)
(Câmara Brasileira do Livro, SP, Brasil)

José, Ganymédes
    Guerra no rio / Ganymédes José ; ilustrações Rogério Coelho. – 3. ed. – São Paulo : Moderna, 2017. – (Coleção girassol)

    ISBN 978-85-16-10609-6

    1. Literatura infantojuvenil I. Coelho, Rogério II Título. III. Série.

16-00067   CDD-028.5

Índices para catálogo sistemático:
1. Literatura infantil 028.5
2. Literatura infantojuvenil 028.5

Reprodução proibida. Art.184 do Código Penal e Lei 9.610 de 19 de fevereiro de 1998.

Todos os direitos reservados

EDITORA MODERNA LTDA.
Rua Padre Adelino, 758 - Belenzinho
São Paulo - SP - Brasil - CEP 03303-904
Vendas e Atendimento: Tel. (11) 2790-1300
www.modernaliteratura.com.br
2024
Impresso no Brasil

Este livro é para meu amigo que veio de Sergipe: Manoel Cardoso.

Sumário

1. Era uma vez uma avó que contou uma história de verdade, 8

2. Onde antes era tudo muito gostoso, a peste começou a atacar, 12

3. O verdadeiro progresso não pode causar mal a ninguém, 16

4. E todos lutaram juntos para que Remanso não fosse destruída, 22

5. Se o dinheiro constrói uma fábrica poluidora, por que não constrói também um filtro despoluidor?, 28

6. Que tristeza ver os rios, os peixes, as plantas morrendo devagar!, 36

7. Quantas vezes a natureza vai ter de nos pedir ajuda?, 42

8. Você já reparou que o homem é o
único ser que destrói a natureza?, 48

9. A branca Espuma da Morte cobriu o rio,
matando e sepultando tantas vidas..., 54

10. Nem sempre a vitória é fácil. É preciso
muito amor para nos dar coragem!, 58

11. Muita gente lutou para nos dar um
mundo verde. E nós, o que vamos fazer?, 62

12. Por que será que certas pessoas não
ligam a mínima para a natureza?, 68

13. Se todos quiséssemos de verdade,
será que não salvaríamos a natureza?, 72

14. Se um começar, é bem capaz
que muitos topem trabalhar juntos, 76

15. Se a gente quer de verdade,
é capaz de fazer milagres, 82

1. Era uma vez uma avó que contou uma história de verdade

Tinha o sol acabado de dormir atrás do morro. No céu cor de laranja madura já brilhava a primeira estrelona.
À medida que os grilos começavam a ensaiar serenata, ia caindo a temperatura.

Um sapo bateu o tambor. O outro respondeu. Dali a pouco, estava a saparia no batuque rasgado.

Olhando a sua volta, Dedo-de-Metro, a perereca, bocejou. A barriga roncava. Se quisesse comer, tinha de caçar no córrego, que à noitinha ficava coalhado de pernilongos buzinantes. Ou, então, contentar-se com mosquitinhos em conserva.

Preguiçosa, Dedo-de-Metro preferiu os mosquitinhos. Aí, abrindo uma lata, despejou-os no prato e devorou tudo em três garfadas. Depois puxou a cadeira de balanço para a porta da cova e ficou namorando o céu. Já era de idade, não era mais a mocinha de antigamente que passava as noites brincando no parque de diversões do rio...

As recordações, entretanto, não demoraram muito porque dali a pouco escutou a barulhada que a punha nervosa: os dois netos! Quando vinham visitá-la, os encapetados viravam a casa pelo avesso e, depois que iam embora, Dedo-de-Metro levava um tempão para recolocar tudo em ordem.

Os dois já chegaram aprontando tamanha folia que, de começo, derrubaram os oclinhos da avó. Fizeram mil perguntas e, em poucos minutos, a coitada da velha estava quase sem fôlego. Foi preciso que desse um berro tão forte que até a saparia parou de tocar tambor:

— Silêêêêêêncio!

Bocudinha ficou assustada como se tivesse visto cobra!

— Vovó está com dor de cabeça! — explicou a pererereca, caindo sentada na cadeira de balanço.

— Como vocês são endiabrados!

Bocudinha e Esbugalhadinho se entreolharam.

Ressabiado, Esbugalhadinho, um perereco muito perguntão, sentou-se em frente à velha e pediu:

— Vó, me conta uma história?

— Conta, conta! — aprovou Bocudinha.

— Não gosto de histórias! — respondeu Dedo-de-Metro. — Todas as que conheço são uma chatice.

— Então, conta um caso!

— Um caso?

— É! A mãe sempre conta para nós casos de coisas que aconteceram. A senhora não sabe nenhum?

Dedo-de-Metro acendeu sinal vermelho na testa e ficou pensativa. Escutou a água apressada do rio correndo por entre as pernas das plantas. De repente, o sinal vermelho ficou amarelo e, depois, verde.

— Já me lembrei de um! — falou, erguendo o dedo com unha comprida. — Aconteceu, faz uns tempos, neste mesmo rio! Foi um caso muito sério!

— Por que, vó? — perguntaram os dois, impressionados com o ar de mistério.

— Porque o bicho-homem entrou na conversa. E, quando o bicho-homem entra, a coisa sempre fica feia!

Dando uma piscadinha, ajeitou-se melhor na cadeira e começou:

2. Onde antes era tudo muito gostoso, a peste começou a atacar

O Rio do Monjolo ia bem, obrigada. Não havia por que os moradores do lugar ficarem encucados. Tinham água limpa, criavam as melhores larvas da região para alimentos, as plantas cresciam ensombreando as margens...

Entre as muitas cidades que existiam no fundo do rio, havia uma especial: Remanso. Devido à ótima posição geográfica (o sol batia em cheio, ao nascer), ao maravilhoso clima (nem muito frio no inverno nem muito quente no verão) e às excelentes facilidades de comunicação com as outras cidades, Remanso era mesmo o lugar ideal para se viver.

Remanso era dividida em três bairros: o dos Peixudos, logo à entrada do rio, onde moravam os peixes; o dos Enraizados, uma espécie de jardim botânico, onde viviam as plantas; e o Bairro do Pedrescal, fechando o braço do rio, terra dos pedregulhos, seixos, pedriscos e todos os parentes pedrescalenses.

As escolas públicas eram frequentadas tanto pelos peixudos como pelos enraizados e pedrescalenses. A educação era gratuita, os professores não precisavam fazer greve porque ganhavam muito bem. Também havia hospitais, salões de beleza, clubes, salas de música. A imprensa da terra, representada pelo jornal A Baixada, com sede em um tronco enrugado, tinha como redator-chefe o velho Mandi-Letra-de-Forma, que vivia imprimindo coisas. Traíra-Alto-Falante dirigia os serviços radiofônicos, e Lambari-Notícia-Fresca comandava a cadeia de televisão. Em Remanso não havia bares, pois os remansenses não admitiam outra bebida que não fosse a água. Nem armazéns, porque a comida era fornecida gratuitamente pelo rio. Também não precisavam pagar impostos nem tinham juízes, promotores, advogados ou cadeia, porque ninguém brigava.

A coisa começou certa manhã na casa de Barbu-Dão, um rico cascudo que morava numa concha prateada, a poucas esquinas da Sede do Município. Na verdade, sua casa era uma velha concha do mar, uma das mais bonitas construções da cidade e que havia pertencido a uma famosa cantora lírica do século passado.

Pois estava Barbu-Dão tomando seu cafezinho, quando Dona-Barba-Dona aproximou-se nervosa, esfregando as nadadeiras (pois não tinha mãos para esfregar).

— Barbu, chame depressa o Doutor Carranca para dar uma olhada em nossa Babá! Ela está passando mal, nem consegue se levantar para ir à aula de dança!

— O que ela tem?

— Não sei! Está com febre, estômago embrulhado e dor de cabeça. Por favor, Barbu, depressa!

Antes, porém, o pai resolveu dar uma olhada na filha. Babá estava vermelha, inchada, revirando os olhos e espumando a boca. Então, Barbu correu ao telerraiz e ligou para o médico. Muito atencioso, o Avencão-Amarelo (concessionário do serviço telefônico) ajudou, evitando que as linhas-raízes se cruzassem.

Cinco minutos depois, o médico chegava: um bagre careca, que colocou o termômetro debaixo das escamas de Babá, examinou a língua e as pálpebras. Em seguida, disse:

— A menina parece estar sofrendo de uma grave intoxicação! Comeu alguma coisa estragada, ontem?

— Nada, doutor! — respondeu a mãe.

— Pois precisa ser levada urgente para o hospital!

Barba-Dona começou a chorar. Em questão de minutos a ambulância chegou: uma casca de ovo puxada por quatro espertos lambaritoristas.

E, em grande velocidade, levaram Babá embora.

3. O verdadeiro progresso não pode causar mal a ninguém

O corre-corre no hospital foi tão grande que muitos remansenses perguntaram o que estava acontecendo.

Babá precisou ficar na sala de recuperação, e a equipe médica começou a trabalhar depressa para diagnosticar o estranho mal.

Dali a pouco, o telerraiz voltava a chamar o Doutor Carranca: agora, da casa da viúva Bagrete, que se queixava de dores nas guelras e febre.

Em questão de uma hora, cinco vítimas haviam sido internadas, todas acometidas de sintomas semelhantes.

— Acho que é uma epidemia — comentou o enfermeiro pedrescalense Boca-de-Gamela. Ele, porém, jamais deveria ter aberto a boca, porque a notícia caiu direto no ouvido da peixuda Leva-e-Traz. Dali a cinco minutos, uma onda de pânico sacudiu toda a sossegada Remanso:

— CALAMIDADE! A PESTE ESTÁ ATACANDO NOSSA GENTE!

Foi um deus nos acuda! Todas as mães saíram correndo para buscar os filhos nas escolas, o Mandi-Letra-de-Forma imprimiu uma edição extra do jornal com a notícia, e tanto o rádio como a televisão fizeram campanhas alarmantes.

— Isto é um absurdo! — desabafou Barbatana-de-Aço II, indo e vindo em seu gabinete de prefeito. — O Serviço de Informações não deve ir espalhando fofocas sem, antes, ter a minha aprovação! Afinal, quem é o prefeito desta terra?

— Sim, senhor! — concordou Rodopina, a secretária pedrescalense que rodopiava sempre que se punha aflita. — Devo fazer alguma coisa?

— Claro! Telerraíze a todos os representantes de bairros e convoque uma reunião para daqui a meia hora! Falou em peste, não posso assumir responsabilidade sozinho! Quero todos aqui, Rodopina! Todos, entendeu?

— Sim, senhor! — e a secretária rodopiou tão nervosa que nem conseguia sair do lugar. Foi preciso que o prefeito lhe desse um pontapé. Com isso, ela desencravou.

Meia hora depois, os nove representantes estavam reunidos no Fofocárium. Eram: Lua-Cheia, Botão-Furado e Compridão — representando os pedrescalenses —, Cicuta-Perigo, Capim-Baioneta-Fino e Inhame-Manco — representantes dos enraizados —, Piava-Chorona, Cascudo-Ferrão-Elétrico e Bagre-Cabeçudo — da ala dos peixudos. Todos muito nervosos, falando ao mesmo tempo e exigindo mais detalhes sobre a notícia.

— Senhoras e senhores — disse Barbatana-de-Aço II, do alto de sua mesa —, precisamos fazer alguma coisa para tranquilizar os remansenses!

— É verdade essa história da peste?

— Temos o direito de saber!

— Exigimos providências e proteção!

— Ainda não temos o relatório oficial dos médicos — explicou o prefeito tomando um gole de chágua (chá de água).

— Tudo o que sabemos é que cinco vítimas foram hospitalizadas em estado grave e não podemos dizer como a notícia foi parar na imprensa.

— Se for a peste, estamos perdidos!

— Vai ser o fim de Remanso!

— Vou arrumar as malas e sumir daqui...

Estava armada a confusão, quando Rodopina entrou rodopiando com tamanha fúria que as barbatanas do prefeito ficaram de pé. Imediatamente, entregou o relatório médico a Barbatana-de-Aço II: Babá tinha acabado de falecer, vítima de venenosíssima intoxicação de natureza desconhecida. Portanto, ficava excluída a hipótese de uma epidemia causada pela peste.

— In-to-xi-ca-ção? — repetiram todos, atrapalhadíssimos.

— Senhores — pediu o prefeito —, sugiro que seja indicado um perito para apurar a verdadeira causa da intoxicação que matou a filha de Barbu-Dão e que ainda ameaça a vida de outros quatro remansenses!

Por aprovação unânime, foi indicado o engenheiro-diplomédico Fogo-na-Roupa para, no prazo de vinte e quatro horas, apurar as causas e apresentar um relatório.

4. E todos lutaram juntos para que Remanso não fosse destruída

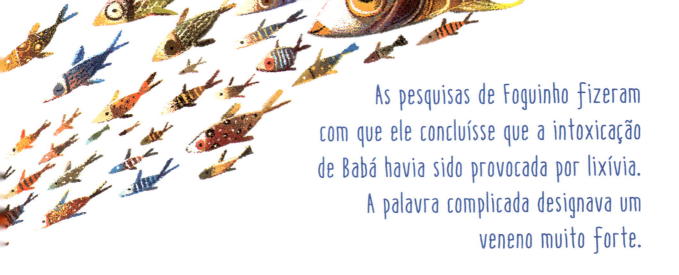

As pesquisas de Foguinho fizeram com que ele concluísse que a intoxicação de Babá havia sido provocada por lixívia. A palavra complicada designava um veneno muito forte.

Mas de onde a lixívia tinha vindo?

Para descobrir, Foguinho precisou reconstituir o dia anterior na vida de cada uma das vítimas. Acabou encontrando um ponto em comum: todas as vítimas tinham estado em Condado, uma cidade-veraneio do outro lado do rio.

Em companhia de Espadalex, sua namoradinha-repórter, Foguinho foi até Condado para verificar se alguns condadenses também haviam sido intoxicados. Sim, encontrou quatro vítimas hospitalizadas com a mesma enfermidade. Além de tudo, informações fornecidas por Avenção-Amarelo demonstraram que, rio acima, outras cidades apresentavam quadros clínicos semelhantes.

Novamente reunidos os representantes de bairros, foi resolvido que se organizasse uma expedição científica que deveria subir o rio para verificar de onde provinham as cargas venenosas.

Sete foram os cientistas escolhidos para fazer parte da missão: Quase-Quadrado e Cascalhinho — pedrescalenses —, Inhame-Lin e Marmeladinha-Doce — entre os enraizados —, Florida e Espada-de-Alumínio — peixudos. Na liderança, o engenheiro Foguinho.

A partida foi marcada para as cinco da manhã, mas às quatro e meia os componentes da expedição já estavam reunidos na Cova das Raízes, área de segurança nacional cuja guarda estava a cargo do Esquadrão dos Cascudos, os quais possuíam como arma mais temível seus afiadíssimos ferrões.

Reunidos no Falatório, Foguinho e o copiloto Cusca-Pão conferiram os aparelhos, dados e mapas dos caminhos que deveriam tomar rumo ao norte. Havia muitos pontos perigosos no fundo do rio, correntes subaquáticas, leito arenoso (que facilitava o encalhe da nave exploradora) e até o terrível Cipoal dos Nove Perdidos, uma das redes naturais mais perigosas à navegação. Muitas expedições anteriores haviam desaparecido por falta de maiores cuidados técnicos.

Terminada a conferência, a equipe entrou na Aquonave, um minilaboratório montado dentro de uma velha bola de borracha em cuja parte superior os engenheiros haviam adaptado uma hélice movida por elástico.

O que ninguém sabia era que, no porão, a repórter Espadalex e sua câmara fotográfica eram passageiras clandestinas. A namoradinha-repórter havia pedido a Foguinho que a deixasse acompanhá-lo na viagem de reconhecimento. Mas, sendo-lhe negada a permissão devido ao perigo que a missão representava, Espadalex conseguiu enganar a vigilância dos cascudos, escondendo-se no porão da nave.

Diante do sinal emitido pela Casa de Comando, os cascudos-vigias abriram os portões-ferrões, interrompendo assim o sistema de proteção. Com isso, a Aquonave pôde sair pelas águas profundas do rio, embicando mais adiante na Correnteza dos Suspiros.

— Força total ao motor! — mandou Foguinho ao copiloto. — Ou não conseguiremos subir!

Quando a nave entrou na Corrente do Sobe e Desce, começou a sacudir violentamente. Ali, as águas tumultuosas fizeram disparar o coração dos viajantes mais corajosos. Mas, para alívio

geral, o radar de espinhaço de peixe mostrava caminho livre pela frente. Bastou que o copiloto fizesse força para manter o curso e, em poucos minutos, eles saíam da região ameaçadora.

Conforme previsto, passaram pelo Poço Verde exatamente às cinco para as sete. No horário!

— Contato no sistema-navegação-cega — mandou Foguinho ao atingirem a Bacia do Desconhecido.

No porão escuro, meio tonta e sentindo falta de ar, Espadalex começava a pensar que talvez fosse melhor apresentar-se à tripulação. E se a Aquonave encalhasse? Havia muitos recifes ao longo do curso... E se o pessoal resolvesse abandonar a nave?

Os minutos foram passando. A nave vagarosamente ia vencendo a força das águas do fundo do rio.

De repente, um grande impacto! E todos caíram sentados.

— Acho... acho que estamos nas garras do Cipoal dos Nove Perdidos — gaguejou o copiloto, empalidecendo.

Quando Foguinho olhou para fora, sentiu um arrepio nas costas.

5. Se o dinheiro constrói uma fábrica poluidora, por que não constrói também um filtro despoluidor?

Não, eles não estavam no Cipoal! Eles estavam diante de uma abertura quadrada, negra, ameaçadora como uma boca pronta para engolir a nave!

Apavorados, os cientistas deram um passo para trás.

Naquele instante, ouviram as batidas que vinham do porão. Acreditando que se tratasse dos tentáculos de algum monstro desconhecido, talvez o monstro dono daquela boca quadrada, eles começaram a tremer. Foguinho já havia apanhado o estilingojétil para atirar, quando ouviram a voz de Espadalex.

— Mais encrencas! — rosnou Inhame-Lin, um implicante enraizado. — Aquela repórter teimosa!

Mais que depressa, eles abriram o alçapão. Espadalex saiu tonta com falta de ar.

Como o Monstro da Boca Quadrada continuasse imóvel, pouco a pouco o pavor dos tripulantes acabou e eles novamente ganharam coragem. Foguinho procurou examinar melhor o que seria aquele quadrado, mas não conseguiu porque a escuridão era muito pronunciada.

— Temos de examinar o que é aquilo! — resolveu ele, afinal.

— Eu posso ir — ofereceu-se Cascalhinho, o mais destemido do grupo.

— Eu também! — assanhou-se Espadalex já toda animada. — Quero tirar umas fotos.

— Não, senhora! — zangou-se Foguinho. — Você fica. Já não chega o susto que pregou em nós?

— Você está brincando! — respondeu Espadalex avermelhando na ponta do nariz. — Agora que cheguei até aqui, pensa que vou perder a oportunidade de fotografar o monstro?

— Você fica! — insistiu Foguinho encerrando o assunto.

A comitiva dirigiu-se à saída lateral esquerda da nave. Primeiro saiu Foguinho. Depois, Cascalhinho. Mas, antes que os cientistas fechassem as escotilhas, Espadalex, com um salto rápido, passou por eles e saiu nadando atrás. Só quando

Foguinho olhou para trás é que viu Espadalex com uma risadinha amarela.

— Sua teimosa! — disse.

— Está bem, eu sou teimosa mas sou uma boa jornalista — respondeu Espadalex piscando o olho direito. — E estou aqui para fazer o meu trabalho!

Foguinho não teve outro jeito senão permitir que ela os acompanhasse. Assim, seguiram adiante. Eles dois nadando, e Cascalhinho, por ser pedrescalense, rodando no leito do rio.

Atingiram um paredão acimentado aparentemente fechando o rio.

— Nossa, a água está com um gosto horrível! — disse Espadalex cuspindo. — Não perceberam?

Cascalhinho afastou-se um pouco, voltando alguns minutos depois. Parecia assustado, olhos arregaladíssimos.

— Tentei entrar em contato com os parentes pedregosos da região... mas estão todos mortos!

— Mortos?

— Sim, os coitados foram acimentados para fazerem o alicerce deste paredão que estamos vendo! A única coisa que mata os pedrescalenses é cimentação, não sabiam?

— Que coisa horrível! — murmurou Espadalex levando as nadadeiras aos olhos.

— Será que alguém construiu um laboratório infernal por aqui?! — perguntou Foguinho, pensativo. — Ou será uma dessas perigosas usinas nucleares?

Cascalhinho esticou o pescoço. Era muito curto. Não deu pra ver muito longe.

— Temos de conseguir informações! — falou Espadalex, agora começando a ficar irritada contra o autor daquele projeto. — Se é verdade que algum cientista maluco instalou um laboratório neste ponto do rio... nossa população está ameaçada!

— Mas onde vamos conseguir informações?

— Podemos entrevistar enraizados que moram à beira da água!

— Uma boa!

Procuraram, então, uma planta. Depois de muito rodarem em todas as direções, encontraram um Capim-Marmelada fraquíssimo, mais amarelo do que verde, raízes quase de fora e meio morto.

— O que está acontecendo por aqui? — perguntou Cascalhinho enquanto Espadalex fotografava.

O enraizado mal tinha forças para abrir os olhos.

— Uma desgraça...! — murmurou. — Foram os homens... chegaram, um dia... Trouxeram tratores... soltando rolos pretos de fumaça... começaram a trabalhar...

— E construíram o laboratório?

— Pior... muito pior... construíram uma... fábrica!

— Fábrica?

— Fábrica de celulose...

— O que é isso? — perguntou Cascalhinho assustado.

— Eu sei! — disse Espadalex, que tinha boa memória. — Já li em algum lugar. Fábricas de celulose são a pior desgraça do mundo. Nessas fábricas, os homens entram com grossos troncos de árvores de um lado. Depois, eles ligam máquinas infernais que fazem um barulhão, soltam um cheiro fedorentíssimo e transformam as coitadas das árvores em bobinas de papel. Depois... eles jogam no rio um caldo preto, viscoso, envenenadíssimo. É um veneno terrível, que vai matando todos os que moram no rio!

— Meu Deus! — murmurou Foguinho arregalando os olhos.

— É isso mesmo! — concordou o capim agonizante. — E o veneno sai...

Não chegou a terminar a frase. De repente, eles sentiram que o chão trepidava esquisito, como se estivessem dentro de uma panela cheia de pipocas. Diante disso, o capim amarelou ainda mais e mal teve tempo de gritar:

— Fujam, amigos! Porque a Boca Quadrada vai vomitar outra descarga de veneno.

Imóveis de pavor como se houvessem criado raízes, eles olharam para a Boca Quadrada, de onde provinha o som ameaçador.

— Vamos embora depressa! — mandou Foguinho.

Antes de acompanhá-lo no mergulho, Espadalex ainda teve sangue-frio para tirar umas fotos da Boca. Em seguida mergulhou, mas com tamanha pressa que, desastrada, torceu a nadadeira. Então, começou a gemer:

— Socorro! Não consigo sair do lugar! Socooooooorro!

Foguinho deu meia-volta e foi ao encontro da namoradinha.

— O que foi?

— Torci a nadadeira! Não consigo sair do lugar!

O barulho da descarga de veneno chegava cada vez mais perto. As primeiras bolhas já saíam pela Boca Quadrada.

37

Espadalex empurrou Foguinho:

— Vá embora você! Salve-se, Foguinho!

Naquele instante, aproximou-se Cascalhinho correndo:

— O que foi?

Antes que Foguinho tivesse tempo de responder, perceberam que a Aquonave, parada a não muita distância, fechava a escotilha. Em seguida, a hélice superior começou a movimentar-se, deslocando a nave para longe. Decerto, assustados com o barulho e acreditando que o Monstro já havia devorado os três, os cientistas haviam resolvido fugir daquela área perigosa.

— O que aqueles malucos estão fazendo? — gemeu Cascalhinho ficando mais branco do que açúcar.

— Eles nos abandonaram! — gemeu Espadalex fechando os olhos, desanimada. — Vamos morrer envenenados!

— Não vamos, não! — respondeu Foguinho desesperado. — Vamos, segure firme a sua máquina foto-figurinha — mandou ele, agarrando na outra extremidade das correias.

Espadalex não entendeu, mas Foguinho redobrou os esforços e, nadando o mais rápido que pôde, afastou-se enquanto a namoradinha ia boiando atrás.

— Para a margem! — gritou ao amigo Cascalhinho.

Foi uma fuga desesperada, o veneno já tinha atingido a água, ia escurecendo, matando, destruindo, acabando com todos os traços de vida que encontrava pela frente, e a água ia ficando cada vez mais escura. Um cheiro horrível tomava conta de tudo.

— Depressa, Foguinho!

Quando chegaram à margem, Foguinho corajosamente nadou em direção à terra.

— Ei, para onde você está indo? — perguntou Espadalex arregalando os olhos.

— Temos de arriscar a sair e procurar uma poça de água limpa por perto! — disse Foguinho.

— Não posso! — gemeu Espadalex. — Você sabe que fora da água nós morreremos!

— Não, não morreremos! Você segura a respiração quando sairmos da água, até chegarmos a uma pocinha!

Espadalex nem foi capaz de responder, tanto medo sentia. Cascalhinho ajudou, empurrando-a por trás. Mais alguns passos e já avistavam a superfície...

— Quando eu disser PRONTO, você prende o fôlego! — mandou Foguinho. — Certo?

Ela fez que sim. Morrendo de medo. Foguinho chegou o mais perto que pôde da terra e fez um sinal.

— PRONTO!

Espadalex encheu os pulmões de ar e sentiu que saía da água. Um desconfortável ventinho frio deixou-a arrepiada, uma sensação seca e desconfortante. Foi uma dificuldade transporem um pedacinho de terra, a areia grudava-lhe ao corpo, Foguinho puxando de um lado, Cascalhinho empurrando de outro, as escamas machucando.

Quando já estavam com o pulmão quase arrebentando, Cascalhinho apontou para a frente e disse:

— Coragem! Achei uma pocinha. Ali, só mais um pouquinho!

O só mais um pouquinho pareceu uma eternidade, porém. Mas, afinal, vencendo a pequena distância, os três puderam afundar-se na água limpa, fria e reconfortante.

Em contato com a água do rio, o caldo grosso havia se transformado em espuma branca. E tudo ficou parecido com manhãs de inverno, cor de espuma de leite fervendo.

Depois de certo tempo, o vento começou a soprar, empurrando a espuma esbranquiçada para as margens. Aí, no grande silêncio, o rio parecia o fantasma de uma noiva morta.

Cascalhinho saiu da poça e foi dar uma olhada. Voltou muito desanimado.

— Viu sinais da Aquonave? — perguntou Foguinho.

— Não. Acho que o veneno engoliu todo o mundo...

— Então eles... — Espadalex nem terminou a frase, pensando na morte de todos os tripulantes.

— Melhor voltarmos para Remanso — sugeriu Foguinho. — A Espuma da Morte já deve ter descido e não há mais perigo...

— É... as águas estão limpas novamente — concordou Cascalhinho.

— E eu? — perguntou Espadalex. — Ainda não posso nadar!

— Vamos dar um jeito. Preciso de sua ajuda, Cascalhinho...

Arranjaram uma folha seca e meio enrolada, amarraram-lhe a extremidade com duas raízes compridas. Depois deitaram Espadalex na improvisada maca, amarraram uma ponta do cordel na cintura de Foguinho e outra na de Cascalhinho. Agora, descer o rio seria mais fácil porque contavam com a ajuda da correnteza.

A viagem foi lenta e cheia de cuidados.

Pelas cidades por onde foram passando, viram que a Espuma da Morte havia feito muitas vítimas.

Finalmente, meia hora depois, avistaram o Farol da Merlusa assinalando desvio para Remanso.

Quando o Avencão-Amarelo avistou os viajantes, imediatamente telerraizou para a prefeitura comunicando o fato. A secretária Rodopina ficou tão alarmada que quase levantou voo de tanto rodopiar. E foi avisar o prefeito:

— Eles estão de volta, mas só três!

— Só três?!!

44

— Avenção-Amarelo acha que a nave e os tripulantes... foram destruídos.

Barbatana-de-Aço II ficou tão atrapalhado que até precisou sentar.

Imediatamente, os remansenses organizaram uma patrulha de salvamento para ir apanhar os sobreviventes no desvio do farol.

Meia hora depois, Peixetuto, um fuça-fuça que tinha fugido da vigilância dos pais, voltou todo alarmado:

— Eles estão chegando! Eles estão chegando!

Momentos depois, a comitiva chegava, e todo o mundo quis saber o que havia acontecido.

Enquanto a ambulância removia Espadalex para o hospital, Foguinho deu entrevista para as câmaras de televisão comandadas pelo Lambari-Notícia-Fresca.

— Todo o rio está ameaçado pela Espuma da Morte, que é vomitada pelo Monstro da Boca Quadrada — disse, com voz controlada. — O bicho-homem construiu, acimentando pedrescalenses do leito do rio, uma fábrica que transforma árvores em bobinas de papel. E é essa fábrica que vomita o veneno que vai nos matar a todos!

A notícia caiu como uma bomba. Primeiro, os moradores ficaram parados como se tivessem sido transformados em estátuas. Mas, depois, voltando à vida, começaram a gesticular, falar alto e a protestar.

8. Você já reparou que o homem é o único ser que destrói a natureza?

Inteirinho manchado com o preto da tinta de imprensa e bonezinho torto na cabeça, o redator-chefe Mandi-Letra-de-forma acabava de rodar uma edição extra de *A Baixada*, que mil mandizinhos começaram a distribuir pela cidade inteira:

— CATÁSTROFE AMEAÇA O RIO! REMANSO AGONIZA!

Fotografias do Monstro da Boca Quadrada com os dizeres: "O vomitador de lixívia negra (mais informações na página 4)". E ampla reportagem, inclusive com longo depoimento dos três sobreviventes da expedição.

Em Remanso não se falava de outra coisa. Os estudantes haviam feito faixas de protesto e passeavam pelas ruas. Nos lares, a tensão era muito grande porque ninguém sabia o que ia acontecer. A tensão ficou maior quando o pedrescalense Cilindrada chegou à prefeitura com os olhos fora da cabeça:

— A Aquonave está encalhada junto ao Farol da Merlusa.

— Sobreviventes?

— Nenhum! Está completamente destruída!

A perda da nave foi um duro golpe contra o sistema de defesa nacional, que não dispunha de outro veículo para aquele tipo de exploração.

Por isso, Barbatana-de-Aço II convocou outra reunião com os representantes de bairros.

Às dez da manhã, curiosos e repórteres se dirigiram para o Fofocárium. A reunião começou exatamente quando, incidindo sobre um caco de espelho no barranco do rio, o sol marcou a hora, desenhando um arco-íris sobre o prédio onde os representantes resolviam sobre os problemas da municipalidade.

À mesa, Barbatana-de-Aço II, indignadíssimo, presidia aos trabalhos.

— Declaro aberta a sessão — disse, dando uma marteladinha na mesa. — Quem quiser fazer uso da palavra pode.

Chapéu-de-Couro, com suas folhas redondas, estava superfurioso:

— Somos pacíficos e nunca fizemos mal a ninguém! — falou, dando um murro que quase acertou no colega do lado. — Nem

cadeia temos em nossa cidade! Mas, agora que o bicho-homem está ameaçando nossa vida, temos de fazer guerra contra eles!

— Oh! não! Guerra não! — gemeu a Marmeladinha-Curta quase desmaiando. — A guerra é horrível! Só o bicho-homem faz guerra! Eles vivem se matando!

— E ainda dizem que são civilizados! — rosnou Tiririca- -Linguaruda. — Pois sim!

— Bravo! — aplaudiu Sapé, sujeitinho fino e nervoso. — O que os homens pensam que são? Os donos do mundo? Nada disso! Muito antes de eles existirem, nossas bisavós-plantudas já existiam. E se alguém tem o direito de mandar nesta terra... somos nós, os enraizados!

— E nós também! — aprovou o pedrescalense Lua-Cheia dando pulinhos. — Fico louco de raiva quando penso que os homens acimentaram nossos irmãos para fazerem os alicerces da fábrica da morte!

— Vamos dar uma lição nos homens! — aplaudiu o Capim- -Baioneta prestando continência.

Urras e vivas. A reunião terminou e ficou decidido que os peixudos atacariam imediatamente o Monstro da Boca Quadrada.

Naquela mesma tarde, os jovens convocados seguiram para o Centro de Preparação na Cova das Raízes. Ali receberam instruções do sargentexudo Cascudão-Ferrão-Atômico, especializado em ataques silenciosos e treinamentos de defesa.

— Fiquem distantes de tudo quanto for isca, anzol ou rede — declarou o instrutor, encerrando as preleções. — Porque nunca se sabe que armas os homens usarão para acabar conosco.

Em seguida, os jovens combatentes receberam máscaras antipoluentes, armas, capacetes e enfileiraram-se em esquadra.

A Banda das Conchas repicava nervosa.

— Pelotão… EM FRENTE! — ordenou o instrutor abaixando a espada.

Ao som do Hino de Remanso e enquanto lenços brancos eram acenados para os heróis, partiu a esquadra para defender o rio.

Depois que a esquadra desapareceu, poucas pessoas se atreviam a sair porque ninguém sabia quando a Espuma da Morte chegaria para novas matanças. Todo mundo ficou ligado ao noticiário para acompanhar o deslocamento dos heróis.

Para reforço da defesa municipal, foram tomadas duas providências. Primeira: criou-se um sistema interurbano de telerraiz entre as plantas que moravam nas margens do rio. Quando o Monstro vomitasse lixívia, o alarme seria acionado. Segundo: construiu-se uma torre de vigilância onde ficaria de plantão um vigilante com binóculo. Caso falhasse o alarme das plantas, ao ver a Espuma da Morte descendo, ele dispararia um foguete.

Para vigilante foi escolhido Cilindrada, um cascalho duro na queda e que apresentava grande vantagem sobre peixudos e enraizados: ele nunca dormia em serviço.

O serviço de telerraiz trazia notícias sobre o deslocamento dos peixudos:

— A Esquadra de Remanso está acampada na Baixada da Água Azul, a poucos metros do Monstro da Boca Quadrada.

Meia hora depois:

— Declarações do sargentexudo Cascudão-Ferrão-Atômico confirmam que o ataque-surpresa ao Monstro deverá acontecer amanhã cedo, antes de nascer o sol.

Em seu gabinete, Barbatana-de-Aço II passou a noite em claro tomando xícaras de chágua, enquanto Rodopina rodopiava.

As horas foram passando...

Do alto da torre, Cilindrada observava a imensidão do rio, cujas águas refletiam o grande clarão da lua.

— Está tudo tão silencioso! — comentou Foguinho, que, acompanhado por Espadalex com a barbatana enfaixada, ajudava a fazer a ronda.

— Chego a ficar arrepiada quando penso que, de uma hora para outra, tudo isso vai ficar coberto com espuma venenosa! — suspirou a repórter. — É um crime isso que os homens estão fazendo conosco, não é?

— É. Mas quem faz os homens enxergarem isso?

O céu começara a clarear quando, ajeitando o binóculo, Cilindrada quase despencou da torre:

— VEM VINDO! Vem vindo um monte de espuma que dá para cobrir o mundo!

E imediatamente disparou o foguete.

Ao ouvirem aquilo, os remansenses fecharam portas, janelas, lacraram todas as frestas, puseram máscaras especiais e ficaram, apavorados, esperando que a morte passasse em frente a suas casas.

Impressionante! Silenciosa e gelada, a espuma branca veio descendo... descendo... mais perto... ameaçadora... cobrindo tudo... tudo... Até que o rio ficou sepultado por aquela nuvem de silêncio.

10. Nem sempre a vitória é fácil. É preciso muito amor para nos dar coragem!

— Foguinho, estou com medo! — suspirou Espadalex.

— Vai passar já! — respondeu ele mais nervoso do que a própria namoradinha.

Apesar de escondidos dentro de uma lata cheia de água, eles sentiam o sangue gelar por saberem que estavam embrulhados naquela mortalha visguenta.

Entretanto, como das outras vezes, a correnteza e o vento se encarregaram de levar embora o véu da destruição. Pouco a pouco, a luz do sol voltou a brilhar.

Do alto da torrinha, Cilindrada acenou dizendo que tudo estava bem.

Foguinho e Espadalex nadaram até lá.

— Fiquei assustado quando a espuma se enrolou em mim — disse Cilindrada. — Não tive tempo de fugir da torre!

— E não aconteceu nada a você? — admirou-se Espadalex.

— Nada, nada! Acho que para nós, pedrescalenses, a lixívia não faz mal.

— Melhor irmos até Remanso — sugeriu Foguinho. — Podem estar precisando de nós.

Então, nadaram até lá.

Dez minutos depois, chegava a estarrecedora notícia:

TOTALMENTE DESTRUÍDA A ESQUADRA PEIXUDA DE REMANSO. NENHUM SOBREVIVENTE!

O impacto foi terrível! Em toda parte, ouvia-se o choro dos parentes dos peixudos mortos em cumprimento de seu dever.

Em seu gabinete, Barbatana-de-Aço II esmurrava a mesa:

— É o cúmulo! É o fim! Rodopina, convoque todos os representantes para outra reunião AGORA!

Meia hora depois, o Fofocárium estava lotado.

— É a vez de os enraizados mostrarem o quanto podem! — propôs a inflamada Cicuta-Estopim-Curto, que, baixinha e revoltada, estava mais vermelha do que verde. — Durante muitos séculos, os homens vêm dizendo que eu sou venenosa. Agora, eles vão provar o meu veneno!

Foi longamente aplaudida.

— Preparemos um ataque-surpresa — propôs a Taboa-
-Magrela. — Será a destruição total da fábrica!

— Bem pensado! — concordou o velho Capim-Baioneta-
-Enferrujado.

Mais aplausos, vivas e fotografias.

Ficou decidido que os enraizados fariam a segunda investida, e a notícia foi amplamente divulgada pela imprensa local.

Aquela, porém, foi uma tarde muito triste, pois começaram a chegar os corpos das vítimas. Um a um, barriga para cima, brancos, olhos parados, pareciam folhas na correnteza.

Todo o desvio do Farol da Merlusa foi policiado pelos cascudos para recolherem os heróis peixudos mortos. Ambulâncias subiam e desciam vasculhando à cata de sobreviventes, enquanto os corpos sem vida eram levados para a Sala das Honras.

A Liga das Peixudas Amigas da Cidade foi até os Lírios-do--Brejo em busca de coroa de flores, e os enraizados cederam todas as suas pencas brancas para agasalharem os mortos.

O sepultamento aconteceu ao entardecer. À frente do cortejo saiu a Banda das Conchas tocando a Valsa do Nunca Mais. Dali, seguiu para o Campo do Repouso Feliz, onde, na qualidade de prefeito, Barbatana-de-Aço II fez um longo e comovente discurso acusando os homens de ingratos, injustos e insensíveis.

11. Muita gente lutou para nos dar um mundo verde. E nós, o que vamos fazer?

Batuta em punho, o Maestro Mandi-Fá-Sol deu o sinal e a Banda das Conchas começou a executar a Marcha da Vitória.

Puxando a fila, os garbosos Capins-Baionetas desfilavam em farda prateada. Atrás, os Navalhas-de-Macaco, de peito erguido. Em seguida, o Batalhão dos Sapés, dos Chapéus-de-Couro, dos Inhames, das Taboas, dos Pés-de-Galinha, dos Marmeladinhas, das Cicutas e, encerrando a parada, o dos Lírios-do-Brejo.

— O rio vai ficar muito triste sem nossos amigos enraizados! — suspirou a Traíra-Bicuda enxugando os olhos.

Acenos, criançada empunhando bandeirinhas coloridas e, afinal, a coluna desapareceu na curva do desvio do Farol da Merlusa.

Espadalex suspirou:

— Agora, para a redação à espera de notícias!

— Eu devia ter ido com eles! — suspirou Quase-Quadrado. — Queria dar uma lição aos homens dessa fábrica!

— Deixe por conta da Cicuta-Estopim-Curto — respondeu Foguinho. — Ela jurou que o veneno dela é mais forte que o vômito do Monstro da Boca Quadrada!

— Será?

— Pensamento positivo, minha gente! — falou Espadalex. — Desta vez, a coisa vai ser pra valer.

— Da outra também ia.

— Mas os peixudos tinham uma desvantagem que os enraizados não têm — declarou Quase-Quadrado.

— Qual?

— Não respiram fora da água. Os enraizados respiram. Por isso, o veneno da Espuma da Morte não há de ser tão violento para eles.

— É... Tomara que os enraizados consigam! — concluiu Foguinho. — Estou pagando para ver.

Assim conversando, os três seguiram para a redação de A Baixada, onde os telerraízes estavam ligados à espera de notícias.

O entusiasmado repórter Avenquinho-Dourado apareceu no vídeo:

— Senhoras e senhores longe-enxergadores, é impressionante a segurança, o garbo com que os enraizados marcham contra o Monstro da Boca Quadrada! No momento, a corajosa Coluna Verde avança pelo meio do rio. Nunca se viu marcha como esta! Os moradores das cidades enraizadas às margens acenam atirando flores à passagem de seus heróis. É A VITÓRIA!

— Tomara que eles consigam! — suspirou Barbatana-de--Aço II tamborilando as nadadeiras. — Tomara!

— Tenho certeza que, desta vez, venceremos! — declarou Rodopina, dando uma voltinha extra de contentamento.

Do alto da torrinha e através das possantes lentes de ampolas--de-injeção-binóculo, Cilindrada podia observar o avanço da marcha verde. Conforme os planos da dirigente cicutária, a coluna se dividiu em duas alas, para atacar pelas duas margens.

— ELES VÃO ATACAR! — gritou Cilindrada sentindo o coração pulando no peito.

Ameaçadoras e silenciosas, as colunas começaram a aproximar-se do Monstro...

— Eles estão conseguindo! — dizia Avenquinho-Dourado, plantado diante das câmaras de tevê. — Estão agora a menos de trinta centímetros do Monstro!

Mas, sem que ninguém esperasse, um forte jorro de vômito escuro saiu da Boca Quadrada. E, em menos de um minuto, um mundo de espumas brancas imobilizou os heroicos combatentes.

12. Por que será que certas pessoas não ligam a mínima para a natureza?

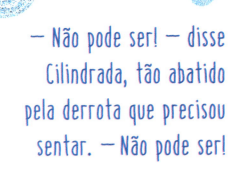

— Não pode ser! — disse Cilindrada, tão abatido pela derrota que precisou sentar. — Não pode ser!

Enquanto isso, com voz embargada pela emoção, Avencão-Amarelo anunciava pela cadeia tele-enraizada:

— O MONSTRO DA BOCA QUADRADA ACABA DE DESTRUIR NOSSAS COLUNAS!

Ouvindo aquilo, os remansenses fugiram correndo, trancaram-se em casa e puseram as máscaras contra poluição.

— Eu acabo com esse Monstro! Eu acabo com ele! — protestava Cilindrada, erguendo os punhos, à medida que a Espuma da Morte descia o rio.

A espuma cobriu a torrinha, não acabou com Cilindrada nem Cilindrada acabou com ela. Afinal, quem pode matar uma espuma?

Quando os últimos vestígios do veneno desapareceram, ouviu-se uma gritaria em Remanso porque alguns peixudos haviam sido atingidos pela descarga.

Aconteceu, novamente, o triste espetáculo da véspera: a Banda das Conchas tocando música fúnebre, o funeral, médicos e enfermeiros correndo na tentativa de salvar a vida dos peixudos hospitalizados...

— Desta vez não teremos flores para os nossos heróis! — choramingou a Traíra-Bicuda. — Os Lírios-do-Brejo também morreram! Todos eles!

À tarde, depois do sepultamento, outro alarme voltou a movimentar a população do rio: as águas estavam trazendo os corpos dos últimos enraizados mortos em combate...

Todos os remansenses plantaram-se na curva do Farol da Merlusa para a última homenagem. Que tristeza! A superfície do rio estava coalhada de folhas verdes. Aqui e ali boiavam os últimos coraçõezinhos brancos dos Lírios-do-Brejo...

— Adeus! — acenou a Piava-Caolha em despedida.

Silenciosos, os enraizados foram sendo levados embora... embora...

Mas a coisa não podia ficar daquele jeito! Por isso, mal chegou ao gabinete, Barbatana-de-Aço II ordenou que Rodopina convocasse outra reunião.

Compareceram ao Fofocárium os habituais representantes de bairros e o povo, liderado pela velha Traíra-Perna-de-Pau. Todos zangadíssimos, e exigindo que alguém encontrasse uma solução que os livrasse daquela morte certa.

— Alguém deseja explicar o seu plano? — perguntou Barbatana-de-Aço II batendo o martelo.

Botão-Furado não se conteve. Era pequenino o representante do Bairro do Pedrescal, mas estava mais zangado que todos. Precisou subir na cadeira para ser visto.

— EU DESEJO! — falou ele.

Aí, todos forçaram a vista na sua direção.

13. Se todos quiséssemos de verdade, será que não salvaríamos a natureza?

— Amigos! — disse o baixinho em tom de discurso. — Nós, pedrescalenses, vamos dirigir o próximo ataque ao Monstro da Boca Quadrada!

Salva de palmas.

— Vocês têm alguma arma secreta? — perguntou Espadalex, a repórter, já de lápis e caderninho em punho.

— Temos a cabeça! — respondeu o baixinho.

Não deu maiores explicações. Urras e vivas terminaram a reunião enquanto, desconfiado, Barbatana-de-Aço II coçava os bigodes.

Dali, Botão-Furado foi levado nos ombros como herói. O entusiasmo dos pedrescalenses deu novo ânimo ao pessoal de Remanso.

A primeira providência do baixinho foi consultar Cilindrada, Espadalex, Cascalhinho e Foguinho para obter as melhores informações a respeito do Monstro. Com elas, procuraria não cometer os erros que haviam causado a morte dos peixudos e dos enraizados.

Em seguida, formou uma comissão sob sua liderança composta de Lisinho (cientista de renome), Cascalhinho, Compridão, Quase-Quadrado, Cilindrada e Escurinho. A comissão reuniu-se a portas fechadas na Casa Pedrenta, e foi o próprio Botão-Furado que anunciou à imprensa os planos ali traçados:

— Nossas colunas dirigidas pelos sete líderes partirão amanhã, de madrugada, em direção ao Monstro, que ainda estará dormindo. Peçam a todos que torçam por nós!

Assim, quando o céu começou a clarear pelos lados do coqueiro, os moradores de Remanso já estavam plantados junto ao Farol da Merlusa para saudar os combatentes. Não faltou a Banda das Conchas. Também estavam presentes as crianças com bandeirinhas coloridas.

Quando o exército de pedregulhos apontou marchando, todos sentiram um estremecimento no coração.

— Nossa, mãe, quantos!

— Parece que o rio inteiro vai à guerra!

E foram passando os pelotões dos redondos, dos chatos, dos compridos, dos gordinhos...

— Onde está a arma secreta deles? Ou será que vão lutar de mãos vazias?

— Eu acho que eles não têm arma nenhuma...

— Então, quer dizer que vamos perder mais essa!

Toda animada, Espadalex não parava de fotografar os heróis.

Quando passou, Botão-Furado deu uma piscadinha e disse pelo canto da boca:

— Podem marcar no relógio: antes de escurecer... estaremos de volta com a vitória. Aprontem a festa!

Foi nova torcida em Remanso enquanto Avenquinho-Dourado e Samambaia-d'Água descreviam os lances do deslocamento das colunas. Enquanto isso, Avencão-Amarelo continuava atarefadíssimo com as ligações interurbanas.

À distância de um metro do Monstro, Botão-Furado ergueu a mão e os combatentes pararam. No maior silêncio, podiam ver a ameaçadora garganta quadrada.

— Vamos nos dividir em duas frentes — mandou Botão--Furado. — Depois que o Monstro vomitar a baba venenosa, atacaremos!

— Depois?

— Sim, depois. Porque assim ele não vai ter mais o que vomitar!

Obedientes, os defensores se dividiram. Metade foi para a direita, e outra metade, para a esquerda. De cada lado formaram um grande monte de pedregulhos. Tão grandes que parecia que um caminhão os havia despejado ali.

Esperaram... Esperaram...

Até que, de repente, tudo começou a estremecer.

— O MONSTRO VAI ATACAR!

Do alto de uma torre especialmente construída, Avencão-Amarelo transmitia as notícias, e o novo vigilante de Remanso disparou o alarme para que todos se protegessem.

Pouco depois, a baba negra levantava a Espuma da Morte.

Os pedrescalenses só esperando...

Quando o vento desfez a espuma e da boca do Monstro apenas escapavam uns fios grossos, Botão-Furado tomou posição e ordenou:

— A-TA-CAR!!!

Os pedrescalenses não viam a hora de se vingar e, diante da determinação, dispararam. Com isso, os montes de pedregulhos começaram a dissolver-se como açúcar na água enquanto outros pedregulhos formavam uma fila que parecia uma fila de formigas. Destemidos, subiam pela margem diretamente para a boca do Monstro!

— Meu Deus! eu não posso acreditar no que meus olhos estão vendo! — dizia Avencão-Amarelo atrapalhadíssimo. — Eles estão indo, de cabeça erguida, enfrentar o Monstro!!!

Lá dentro era um escuro que metia medo. Mas o corajoso Botão-Furado não vacilou:

— EM FREEEEEENTE! — e, para dar o exemplo, foi o primeiro a pisar naquele quadrado.

O Monstro não fez nada. Botão-Furado começou a assobiar. Espantava o medo. Agora, animados pela música, os pedrescalenses formavam o mais alegre exército assobiador da história!

Assim, eles atravessaram o cano que ligava a boca do Monstro a uma lagoa.

Bem defronte, estava a fábrica!

— À VITÓRIA! — repetiu Botão-Furado recomeçando a marcha.

Passo a passo, aquele mundo de pedrescalenses começou a entrar pelos canos, instalações, máquinas, polias, prensas, instalações elétricas, por tudo quanto era buraquinho da fábrica!

— Depressa! Depressa! Depressa!

Mais e mais pedrescalenses se ajeitavam nas mais escondidas reentrâncias, até que tudo ficou completamente entupido!

No maior silêncio, ficaram esperando.

Dali a pouco, os operários da fábrica chegaram e começaram a escolher nova remessa de troncos para serem transformados em celulose.

— Ligar as máquinas! — mandou o mestre de obras.

Alguém apertou o botão de comando.

Quando a energia elétrica começou a empurrar as polias, os operários ouviram rangidos e estranharam. Por que as polias não conseguiam mover-se? Ligaram força dobrada. As polias forçaram, urraram, se retorceram, fizeram um barulho infernal que parecia almas do outro mundo gemendo de medo!

Assustados, os operários saíram correndo.

Eletricidade empurrando de um lado, pedrescalenses segurando de outro, as máquinas sentiram-se perdidas e, de repente, soltando um grito de protesto, explodiram, levando a fábrica pelos ares.

E não ficou tijolo sobre tijolo.

15. Se a gente quer de verdade, é capaz de fazer milagres

— E aí, vovó Dedo-de-Metro, o que aconteceu? — perguntou Bocudinha, pulando de contentamento.

— O pessoal do rio viveu feliz para sempre? — emendou Esbugalhadinho.

Dedo-de-Metro coçou o queixo.

— Bem, houve festança no Remanso, a Banda das Conchas tocou a noite inteira num baile animadíssimo e Espadalex escreveu a mais importante reportagem de toda a sua vida. Quanto aos pedrescalenses, ganharam uma estátua em praça pública. Foram três dias de comemorações!

— Quer dizer que o Monstro da Boca Quadrada nunca mais vomitou veneno?

— Até agora, não, meu netinho...

Apesar do sorriso de paz da avó, Esbugalhadinho continuava de testa franzida.

— Vovó...

— Que é, meu neto?

— Mas será que o bicho-homem não vai fazer, de novo, outra fábrica no nosso rio?

— Eu não sei! — respondeu a pererecamp, coçando a cabeça.

— Por que eles fazem essas coisas que nos matam? — perguntou Bocudinha. — Nós não fazemos mal para os homens, não é mesmo?

— Não, não fazemos — suspirou a avó. — Acho que é por isso que eles continuam nos maltratando: exatamente porque nós não somos maus para com eles...

— Vovó, o bicho-homem pensa? — perguntou Esbugalhadinho assustado.

— Eu não sei, meu neto! — e Dedo-de-Metro começou a balançar-se na cadeira. — Eu não sei, não!

— Isso é ruim, não é, vovó?

Dedo-de-Metro ia concordando. Mas, de repente, cortou o pensamento. Para que ficar enchendo a cabeça da criançada com coisas tristes? Ela sabia que as crianças não tinham nascido para tristezas. Então, levantou-se da cadeira de balanço e esticou o enferrujado molejo das pernas.

— Bem, agora chega de casos! Vão brincar, crianças, que tenho muito o que fazer.

Bocudinha e Esbugalhadinho saíram correndo para brincar de esconde-esconde com a pererecaiada de sua idade. Vovó Dedo-de-Metro fechou os olhos e ficou escutando o concerto dos sapos naquela noite de paz. Era bom aproveitar aqueles momentos, porque ela não sabia até quando o bicho-homem ia continuar permitindo que os moradores do Rio do Monjolo vivessem seguros e felizes.

Autor e obra

Ganymédes José nasceu em Casa Branca, no interior de São Paulo, em 15 de maio de 1936. Formou-se professor em sua cidade, fez Direito na PUC de Campinas e cursou Letras na Faculdade de São José do Rio Pardo. Desde cedo começou a juntar coisas no coração: pedaços do mundo (sua cidade, por exemplo, cabia inteira), gente, muita gente, livros, músicas… "Gosto de paz, silêncio, plantas, animais, amigos, honestidade, escrever, música, alegria, fraternidade, compreensão…", escreveu certa vez.

Quando ainda estava no Ensino Fundamental 1, surpreendeu a professora ao afirmar que seria escritor. Retornando à sua cidade, depois de formado, o menino escritor deixou de ser menino. E não parou mais de escrever. Datilografava só com três dedos, o que não o impediu de nos deixar mais de 150 obras. É livro para todos os gostos: mistério, humor, histórico, romântico, infantil, juvenil… Em todos, o mesmo fio condutor, a mesma energia vital: o amor à juventude.

Teve obras premiadas pela Associação Paulista de Críticos de Arte (1975, melhor Livro Infantil) e pela Prefeitura de Belo Horizonte (1982, Prêmio Nacional de Literatura Infantil "João de Barro").

No dia 9 de julho de 1990, quando Ganymédes se preparava para o lançamento de *Uma luz no fim do túnel* — mais uma grande prova de amor ao jovem —, seu coração, aquele cheio de pessoas e coisas bonitas, parou repentinamente de bater. E tudo quanto ele amava levou embora, dentro do peito. Mas tudo em que acreditava ele deixou aqui, em seus livros.

Ilustrador

Rogério Coelho nasceu em São Paulo em 1975 e mora em Curitiba com a esposa Regina e os filhos Gabriel, Pedro e Laís. Trabalha como ilustrador desde 1997 e já ilustrou mais de 100 livros para editoras brasileiras e estrangeiras. Recebeu vários prêmios pelo seu trabalho, como a menção "Altamente Recomendável" da FNLIJ (Fundação Nacional do Livro Infantil e Juvenil), o Troféu HQ MIX em 2016 (categoria "Desenhista nacional") e o Prêmio Jabuti em 2012 (categoria "Didático e Paradidático") e em 2016 (categoria "Ilustração de Livro Infantil e Juvenil"). No exterior recebeu a medalha de ouro no *Independent Publisher Book Awards* 2017 (categoria "Livro ilustrado para crianças — para todas as idades") pela edição americana do seu livro de imagem *O barco dos sonhos*. Rogério lia os livros do Ganymédes quando era criança e foi uma alegria dar formas e cor ao mundo imaginado pelo autor.

LEITURA EM FAMÍLIA
Dicas para ler
com as crianças !

www.modernaliteratura.com.br/
leituraemfamilia